葬祭ディレクター

まことさんの珍言録①

死とは残された人への最後の授業

珍田　眞《まこと》

まえがき

葬儀社という仕事柄、長年、死と向き合って生きてきました。死という現実は様々なことを教えてくれます。

子供の頃から几帳面だった私は、葬儀と関わりご遺族と接しながら思い浮かんできた言葉をメモにして残してきました。また疑問やわからない点は、自分なりに勉強もしました。

それらはほとんどが短い言葉ですが、読み返すうちに人の生き方や、人生の意味、また死をどうとらえたらいいのか、葬儀や供養の意味は何なのかなど、今に生きる人達の参考になるのではないかと思うようになりました。

葬儀というと日本の場合、主に仏教に関係してきますが、仏教は心の安らぎを得るための真理と実践を説いていると私は思っています。

そこから導き出される言葉は、今を生きる人達の生き方に大いに役立ちます。若くして知れば、早くに生きる道しるべを手にすることになります。

願わくば、本書で紹介する言葉が、皆さんの心に安らぎを与え、生きる勇気や希望に火を点ずる灯りとなれば、私としては何よりの歓びです。

ぜひ子供さんにも語っていただきたいと願っております。

なおの下にある言葉は、本書の編集長が書き加えたものです。

令和元（二〇一九）年六月吉日

珍田　眞

―死とは残された人への最後の授業―

目次

第一章　人間、いつ燃えますか

お釈迦さまの教えは、今に生きる人達が、生老病死という四苦のしばりから離れて、幸せに生きるために説かれたものです。

ですから何より大事なのは、今に生きている人が幸せになるということです。

そんな思いの中で浮かんできた言葉を、第一章でまとめてみました。

人間、いつ燃えますか
焼き場の窯で燃えますか
今、燃えますか

編集長

読んだ瞬間、ドキッとしました。そうか、人間は最後には燃えるんですね。一度の人生「燃えて生きよ」と言われた感じがしました。

人生に絶望は無い
いかなる人生にも
決して絶望はない

力強い言葉を頂きました。これを大きな励みにして生きねば！
多くの人に伝えたいですね。

前進できない駒はない

こう言ってもらうと、勇気と励ましをもらえます。

見る夢は覚める
追う夢は叶う

なるほど。追うというのは、それに向って努力を続けるということですね。

幸は
人の不幸の上には
成り立たない

そうなんですね。言われてみて、ハッと気づかせてもらいました。本当に大事にしなければならない言葉だと思います。

愚痴を言う人は自ら失敗を招く

つい愚痴を口にしてしまう時があります。それでスッキリすることもあるけど、聞かされる人は、いい迷惑です。注意しなければなりませんね。

他人を変えようと思ったら自分を変えよう

自分を変えるのは、簡単そうで案外難しいものです。心しなければなりませんね。

人は人によって磨かれる

厳しい上司、恐ろしい先輩、怖い先生は、実は自分を磨いてくれる先生なんですね。だから、すぐには逃げないことです。

人と自分とはちがう
くらべることはない
自分の花を咲かそう
自分の光を放とう

野に花を咲かせるように、与えられた場所で精一杯生きる。それが尊いことだと思います。自分に適した仕事であるかどうかは、懸命に生きてこそ見つかるのです。

真のライバルはたった一人
自分だ

道を究めた人は、例外なく「最後は自分との闘いでした」と答えます。弱い自分に負けてはいられません。

嘆いても一生
明るく生きても一生

どんな思いで生きても、一生であることには違いありませんね。嘆くより、明るく生きたほうが楽しいと思いませんか。

信用・信頼を得るには一生
崩壊は一瞬

全くその通りと、素直に受け止めます。

試練は
人が生まれ変わるチャンス

歳を重ねていくと、この言葉が実感として理解できるようになってきました。
若い人には特に伝えたい言葉です。

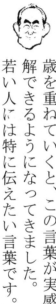

笑顔は心の武装を解除する
不機嫌や仏頂面ほど
大きな罪はない

笑顔には、魔法の力が宿っていますね。それを無料で、しかも無限に使えるわけですから、大いに活用しなければ損ですね。

たった一言が
人の心をあたためる
たった一言が
人の心をふみにじる

その一言は、きっと親切に言ってくれたのだと思います。でも、時には傷つくことがあります。気をつけなければ……。

「俺が 俺が」
という我《が》（考え）を捨てて
無になって
真実の自己を見極める

自分では、随分、我《が》を捨てているような気が
するのですが……。

良い友達は良い自分をつくる

友達は第二の自己

吉田松陰は「士規七則」の中で、士として特に大事なことは、「志を立てる」、「交を択《えら》ぶ（友達を選ぶ）」、「聖賢の書を読む」の三点を挙げています。

語る者は行なわず
行う者は語らず

勉強や仕事に打ち込んでいる人は
多くを語りたがらないもの
語りたがる人は
自分が実行していない証拠で
偽装とも受け取れる

知行合一、口だけの人間になりたくない。

人が注意しなければならない時
逆境より順境の時
禍より幸せの時
病弱より健康の時

人生には「まさかのサカ」があることを感じます。好調の時こそ、油断大敵！　ですね。

この世でやるべき事を
誰も見ていなくても
誰に認めてもらえなくても
たとえそれがつらいことであっても
決してくじけず　たゆまず
なしとげよう

つい、自分に負けてしまうことはありませんか。そういう時こそ自分を磨くチャンスなんですね。心しましょう。

健康への道

いつも喜ぶ心を持ち
絶えず感謝をし
陰徳を積む

健康は心の持ち方で変わるということですね。

南無病気大菩薩
病気になったら病気のお蔭で
色々気付かせていただいたと拝み

南無失敗大菩薩
失敗したら失敗の原因をわかる人にならせてもらったと拝む

禍を福に転じていくところに福徳は集まる

病気も失敗も気づきのきっかけですね。

前立腺　偉大

前立腺肥大に嘆くのではなく「偉大」なることに気づく。これ座布団十枚!!　前立腺だけではなく体の臓器も機能も、一刻も休まず働いていてくれます。まずは身体の不調に不満を言うのではなく、感謝することですね。

刃物の傷は治りやすく
言葉で切られた心の傷は治りにくい

確かに、心の傷は目に見えませんね。見えないからこそ、心しなければならないと思います。

渋柿の渋《しぶ》が
そのまま干し柿の甘味になるように
時間が解決してくれることもある

渋柿の渋《しぶ》が
そのまま甘味になるように
煩悩も聖人には懺悔となり歓喜となる

自分の渋《しぶ》は、いつ取れるかな？

食事とは
命の交換の儀式であって
それ自体が神事である

戴《いただき》きます

「戴きます」の本来の意味は、頭より上に差し上げ礼拝することで、宗教的行為です。

生命あるものを自分が食物として摂取する前に、その生命に対して礼拝することです。

人間は多くの命を犠牲にしなければ生きていくことのできない存在であるということを教えています。

こうしたことは小学校などで是非教えていただきたいですね。

足るを知る者は　富む

喜べば、喜び事が、喜んで、喜び集めて、喜びに来る。足るとは、まず心の足るを知り、心に喜びを感じてこそ、富むことの意味を知ることになるのではないでしょうか。

人間にとって
生きていく最大の喜びは
人を喜ばせることにある

人生の究極は、やはりこれですかね。

第二章　生き方の後押し　1

生きていると、いろんな問題に遭遇します。

特に若い時は、一旦、暗闇に入ってしまうと、いつまでもそれが続くような錯覚に陥ります。

そんな場合は、どうすればよいのでしょうか。

大事なのは、その問題から逃げないことだ思います。

逃げない限り、道は必ず開けるのです。

そんな時、人から戴く一言で自分が救われる場合があります。

生き方の後押しになるような言葉を選んでみました。

明日の新聞は、今日来ない

明日はない。あるのは今だけ。今の連続が一生。今を真剣に生きなければいけませんね。

芯のないローソクは燃えない
どんなに財産があっても
学識があっても
一本の芯（信）がなかったら
それは光りには変わらない

「芯がなかったら光には変わらない」に、強烈なパンチを受けました。自分の芯（信）は何かと考えさせられます。

八十歳の青春
二十歳の老人

果たして、今の自分はどうだろうか。

雪は
海や野山に
豊かさを残して
消えていく

自分も、かくありたいと思います。

嘘はいつか、バレる
真実はいつか、わかってもらえる

嘘がない人は、堂々としてます。

決断は、難しいことではない
難しいのは、その前の熟慮にある

人生は常に選択の連続ですね。人生、前進より、退くことの方が難しい。

常に危機感を持った人だけが成長し
自己改革を生み
人生を創造していく

逆境は人間を創ると言われます。困難から逃げずに生きてこそ、人生は面白い。

失敗は仕方がない
愚者は自分の失敗から学べない
賢者は他人の失敗からも学べる
他人の失敗に学んでおけば
失敗に気づくのも
リカバリーも早い

失敗は、生かしてこそ価値がある。

大切なことは目にみえない

奥にあるもの、根底にあるもの、目に見えないところに本質があるんですね。

恩を知るものは　少なく
恩に背くものは　多し

そうならないように気をつけます。

我々は自分で蒔いたものを刈り取る
運命は我々の悪事に対して災で報いる

良き種を蒔き、もし災いある時は素直に受け入れ反省し、行動を改める。

ありがとう（有り難う）

漢文で「難有」と書き「アルコトカタシ」と読み、意味はめったにない、まれなこと、非常に幸運なこと、という意味です。

当たり前の反対が「有り難きこと」。

ハイは「拝」のこと

呼んだ相手を拝む気持ちで
ハイ（拝）と返事をする

「ハイ」と大きな声で返事をすると、人生が変わるくらいの効果があると信じています。

成功の中に
失敗の芽が育つ

調子に乗り過ぎてはいけないの戒めですね。

失敗は自分を知るために必要な材料

本当にそうです。大事なのはその体験を活かすことですね。

十代遡れば
そこには
一〇二四人の祖先がいる

二十代で一〇四万八五七六人、三十代では一〇億七三七四万一八三四人、これだけの命を受け継いでいます。これだけでも私達の命は奇跡の誕生と言えます。

子供が生まれて
親が生まれる
二人は同じ年

共に育つんですね。

子供にとって
お母さんは
心の安全地帯

そのためには子供を丸ごと受け入れる。これ、
大人でも同じだと思っています。

待つこと
許すこと
祈ること

信じて待つ。
忍耐が必要ですね。

子供は作るのではありません
授けていただくのです
作ったものはこわします
作ったものは捨てます
作ったものは殺します
子供は授けていただいた
尊いいのちです

この気持ち本当に大事と思います。

第三章　生き方の後押し　2

第三章は、「生き方の後押し　2」として、生き方のアドバイス的な言葉を選んでみました。

死ぬまで一緒
煩悩さま
自我さま
欲望さま

人間ですから、あって当然と思います。大事なのは、どうコンロールするかですね。

心の七変化

一、心を顔に運んで笑顔にしよう
二、心を目に運んで優しいまなざしにしよう
三、心を耳に運んで人の話を聞いてあげよう
四、心を口に運んで優しい言葉で話そう
五、心を手に運んでさっと手を貸してあげよう
六、心を足に運んでさっと動いてあげよう
七、心を心に運んで相手と同じ気持ちを分かち合おう

良いことを教えてもらいました。

天　知る
地　知る
我　知る
子　知る
妻　知る

悪事は必ず露見する

ハイ、心して生きます。

我が身はどうか

・嘘が多く　口が達者な人
・仕事はできるが　心の険しい人
・悪勢力に媚びて　人に恩を売る人

こうならないように「我が身」を省みます。

人の評価には三つある

一、なくてはならぬ人

一、いてもいなくてもいい人

一、いない方がいい人

厳しいですが、これが現実と思います。

どっちが大切　名誉と身体

どっちが大事　健康と財産

どっちが苦しい　得ることと失うこと

人生には、厳しい選択を迫られる時がありますね。

健康は最上の利益
満足は最上の財産
心のやすらぎは最上の幸せ

こういうことを実感できる生き方をしたい。

父や母に手を合わせると　孝養となり
目上の人に手を合わせると　敬慕となり
事と物に手を合わせると　慈愛となり
自分自身に手を合わせると　修養となり
お互いに手を合わせると　幸福になる

手を合わせる。いろんな働きがあるんですね。

掃除の五徳

一、身も心も清浄になる

一、自分だけでなく他人の心を清浄にする

一、神仏が喜んでくれる

一、人相が良くなる

一、幸運が来る

下座業は、お陰を求めるのではなく真心こめて。

四つの幸せ

人に愛されること
人に褒められること
人の役に立つこと
人から必要とされること

これは、人付き合いの基本中の基本ですね。

日常持ちたい五心

「すみません」という　反省の心
「はい」という　素直な心
「おかげさまで」という　謙虚な心
「私がします」という　奉仕の心
「ありがとう」という　感謝の心

本当にそうですね。実践します。

人財になるための条件

・元気で明るい挨拶をする
・自分で考え行動する
・常にどうしたら良いかを考える
・手を抜かず仕事ができる
・ミスやクレームの報告ができる
・人が嫌がることも進んでできる

AI時代にも求められるのは人財ですね。

怒りのもとは

①怨み
②軽視する性格
③張り合うこと
④嫉妬すること
⑤物惜しみ
⑥反抗的
⑦後悔
⑧激怒　に分類できます

もしかすると、怒りのもとは自分かも。

随人観美《ずいじんかんび》

誰しも長所や美しいものを持っている
それを見つけだして生かしていこう

自分の価値基準で人を観るのではなく、その人らしさの美点を探し出す。

孤独は人を強くする
しかし
孤独感は人を苛《さいな》む

同じような言葉なのに、こうも違いが出るなど、観る目の大切さを知りました。

古いものを出さなければ新しいものが入ってこない

過去の栄光や面子《めんつ》を捨て、時には謙虚になって、人様の意見に耳を傾ける。

やめ方
感謝型
脅迫型
転嫁型
偽装型

あなたはどの型？

やめ方でその人の人間性が出ると言われます。きれいに退きたいものです。

自己決定権という言葉が気にかかります。

自殺することも、妊娠中絶することも、安楽死も自己決定権と言っていいのでしょうか。
「私の命は私のものだから自分が決める」
と言う人がいますが、
本当に、それでいいのかと言いたい。

私たちは他の生き物の命を、食べずには生きていけません。
他の命に支えられて、自分の命を長らえさせているのです。
これを仏教の教えでは「縁起」と言います。

食を通した命の支え合いを深く自覚すれば、
犠牲になった他の命の分まで、
一生懸命に努力して生きようという
生き方に繋がっていきます。

私たちは大きな命のネットワークの中で、切っても切れない命の支え合いに生かされています。
「自分の命なのだから、自分で決めればいい」とは言えなくなってくるはずです。

人は多くの人のお陰をいただき生きています。自分さえ良ければという考えは、自分も周りの人も不幸にします。

老いていく自分を意識し
病気、介護が必要なときのことを考え
年金、余生、死後の整理のこと
相続のこと
入る墓のこと
全部自分が設計しなければ

死の準備は元気な時にすれば、自分の人生を
振り返り生き方を見直すチャンスともなり
ます。

安楽死

安楽死は第三者が
苦痛を訴えている患者に同情して
その患者を死なせる行為である

安楽という言葉に騙されないにしなければ
なりませんね。

尊厳死

尊厳死は、自分の意志で無意味な延命治療をやめ、
自然に死に至る死に方のことで
いわば自然死である
ただし私の苦痛を和らげるための医療は
最大限お願いする
尊厳死宣言書（リビング・ウィル）

これからの時代に、必要な考えですね。

第四章　死を生きる力にする

一般的に死は、生の対極にあって、できればやってきて欲しくない。死を嫌なものとして捉え、忌避している人が多いのではないでしょうか。しかし死を、そのレベルで捉えてはいけません。なぜなら、死は絶対に避けることができないからです。人は100%死ぬ。そこに真理があるのです。

この現実をしっかりと認識することで、今をどう生きるかを真剣に考えるようになるからです。第四章では、それらに関係する言葉をまとめてみました。

死を受け止めてこそ
生の意味を再認識し
新たな生きる力となる

著者はこのことを本気で伝えたいと思っているといると推察します。

死とは
周りの者を導く
人生最後の授業
それをあなたは放棄しますか

葬儀は周りの人に新たな生き方の気づきを与える大事な場と聞きました。その大事な「最後の授業」を放棄してしまっては故人の死を無駄にしてしまいます。

いつか人は皆
人生最後の旅に立つ
自ら死を早める必要はありません

生を受けたからには、迎えにくるまで生きましょう。

人は、必ず死にます
でも、命には続きがあります

人生の終焉は命の終わりでなく
宇宙生命の始まりです
宇宙生命は
永遠の輝きと価値を持ち
子孫を見守り
指導しながら
泰然と生き続けます

命の計り知れない壮大さを感じます。

死はやってくる
来て欲しくないと思っていても
追い払おうと思っても
自然の流れで必ずやって来る
でも、多くの因は内からやって来る

不摂生で自ら死を早めていないだろうか。

死は人生の終末ではなく
生涯の完成である

凄い言葉ですね。できる、できないではなく、
完成を目指して生きなければ……。

人の死は姿の別れで心の別れではありません

故人が心に生き残ることで、私は逆に身近に感じるようになりました。

死は生の対極としてではなく
その一部として存在している

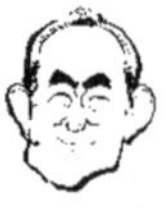

だからこそ、死を考えることは生に繋がる。

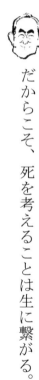

終焉にあたって人が後悔すること

一、愛する人に感謝をつたえなかったこと

一、神仏の教えを学ばなかったこと

一、死を不幸だと思っていたこと

元気な時には、なかなか気づかないことだと思います。

「死は不幸」だと言われてきました
本当にそうでしょうか
私は、そうではないと考えます
もし不幸と考えるのなら
その人の人生が
不幸そのものになってしまうからです

死そのものは不幸ではなく、避けることが出来ない必然です。必然であるが故に死は生の出発点になるのだと思います。

蕾も満開の花も
命の終焉間近の枯れ行く様も
全てが生の一様相であり
それぞれに輝きと美がある

一瞬、一瞬、真剣に生きよということですね。

「生命」と「いのち」は違います
生命は有限でいのちは無限です

私の生命は、必ず終焉を迎えますが
私のいのち、すなわち、この世に生きた意味
知覚は永遠に続きます
生命の終焉とは肉体の死であって
いのちというものは死にません

これも大事な、大事な言葉ですね。

寿命　生物の生が保たれている時間や長さ

生命　生きる力

いのち　生きる証

往生　生命の「新しい展開」を言います

それぞれに意味があるんですね。

いつ死んでも
「命ありがとう」と言える
生き方を

そう言えたら幸せですね。

生きるということは
人との出会いの旅であり
楽しい

「あなたに出会えてよかった」と言ってもらえる人間になりたい。

終わりは次の始まり
別れは
もう一つの人生の出発となる

人生は、この繰り返しですね。前を向いて生きねば。

死は
始であり
師であり
至である

死には、いろんな学びがある。

生命は
宇宙とつながっている
人類の生命
宇宙より出でて宇宙に還る

これは理窟ではなく感じるものと思います。

人の体に
宇宙の真理がすべて内包されている
自己は、無限の現象を内在しており
その中に生があり死がある

人体は小宇宙とも言われます。その不思議さに気付くと、人生を無駄にはできません。

小宇宙（人間）
中宇宙（家庭、会社、社会、国家）
大宇宙（地球、太陽系、銀河）

それぞれ命は繋がっていると感じます。

使い手の声が聞こえない
珍しい施設「斎場」
死人に口なし

故人は自分の要望を言えないまま、ただ黙って火葬されます。まさに故人に口なしです。しかし遺族は故人に思いを寄せることで、「声なき声」を聴くことができます。

遺言

遺言をしっかりと記すというのは、身辺を整理し、自分の葬式や埋葬まで考えておく、というようなことです。

何とかなるだろう、誰かがやってくれるだろうでは、自分の意図から外れた結果になりがちです。

自分の死にかかわることは、前もって自分で決め、エンディングノートなどに書いておくことです。

そうすれば気持ちが楽になり、晴れ晴れとした気持ちで残りの人生を楽しめるようになるでしょう。

エンディングノートは書店などで購入できます。まず書いてみましょう。

相続の勉強は
わたす方と受ける方の
二者が必要

相続が「争続」にならないように。

神仏習合

・生まれた時は　神様
・死んだ時は　仏様
これでいいのだ
日本精神史の中心をなす

日本は融合文化の国なんですね。

鬼籍に入るとは
人が亡くなることを言う
鬼の字は「人が帰る所」という意味

知りませんでした。

鬼グループ

（鬼は変化する）

鬼…鬼籍、鬼瓦、鬼才、鬼神

魅…魅惑、魅了

魂…霊魂、魂消る

醜…醜悪、醜怪

塊…石塊《いしころ》、土塊《どかい》、塊状《こんじょう》

四という字は
死に繋がるということで嫌われやすい
しかし二つ並べれば
四《し》合《あわ》せと読める

本書を読んできて、死の捉え方が変わってきたのではと思います。幸せに生きねば。

死がいつ訪れるかは
神様がお決めになること
そう思うと決して怖くない

感謝で最後まで生き抜かねば。

第五章　蓮は泥の中で花を咲かす

蓮は泥の中で花を咲かすとは、人間も様々な問題や苦労、困難があっても立派に成長する譬えです。

それが仏教のシンボルとなっているということは、仏教の教えを生かしていけば、立派な人間になれるということを意味します。

仏教とか宗教とか言った途端、難しい、頭が混乱するという人もおられるでしょうから、あまり気張らず仏教の智恵という感じのメモを紹介します。

宗教は
全ての人々を
幸福に導くものでなければ
人間にとっていらぬものです

仏教は「私が仏になるための教えです」
言葉を代えて言えば
「私が救われていく教えです」
仏教は心の安らぎを得るための
真理と実践を説き
私が救済されていく教えです

ということは、今に生きる人達のための教え
ということですね。

仏教とは何かと問われれば
それは
お釈迦さまをまねて生きる教えと答えます

真似るということは、行うことなんですね。

仏教は「小欲知足」の教えです
他人の利益の尊重が
結局は自分の利益になる
「自利利他円満」を説いています

これ、実践となるとなかなか難しい。でも本当に大事な教えですね。

仏教の教えは
――無欲の教えと言われます
「悪しき欲望の営みを捨てる」
欲をよりよく生かす道が
無欲の教えなのです

生身の人間としては、欲はなかなか捨て難いが、良い欲は生きる力になりますね。

人間、無欲では生きられない
しかし、欲には
善い欲
悪い欲　がある
欲、良く、考えよう

そう、よくよく考えましょう。

宗教で地獄を説くのは悪への抑止力のため

死後「地獄に落ちるぞ」と言われると恐怖心が生まれますが、こう言ってもらうと自分の生き方を改めようという気になります。

観音菩薩

『観音経』のなかに「遊於娑婆世界《ゆおしゃばせかい》」という言葉があります。娑婆という言葉は梵語（古代インド語）で、訳すと「忍土」となります。「忍土」つまり我々の生きているこの世界は苦しみに満ちた場所、忍んでゆかなければならないところということです。

観音菩薩はその苦しみや悲しみに満ちたこの娑婆世界を住処とし、そこで苦悩にあえぐ人々とともに悩み、ともに泣き、そして光明へと導くことをよろこびとし、遊びとしてやっておられる、というのです。

自ら「忍土」に住み、苦悩にあえぐ人を光明へと導く観音菩薩。本当に有り難い存在です。

「忍土」は満員電車の中と似ています。
皆が肩肘をはると
お互い窮屈な思いをしなければならない。
だから他人を赦しながら生きなければならないし、耐え忍び
つつ生きなければならない。
これを忍辱《にんにく》と言います。

お互い様で生きていく。大事ですね。

逆風万帆《まんぱん》
厳冬に耐え花を咲かせよ

逆風に耐えてこそ美しい花を咲かすんですね。そうして生きてきた人の話は心に伝わります。

挑戦は失敗を生み
解決すればノウハウが溜まる

挑戦しない人は失敗もしないが成功もしない。挑戦しないのが何より問題だ。

全力を尽くして得られる辛さや達成感は
あなたの一番の栄養となる

経験者は、これを実感をもって語りますね。

辛酸を嘗め
そこから出てきた人間が
一番味わい深い

本当ですね。だから辛酸を憎んではいけない。

自分に対して、忠実に
物に対して、確実に
人に対して、誠実に
そう接していけば
たとえ良い結果が得られなくても
悔いはない

精一杯生きてこそ言える言葉ですね。

苦しい時、悲しい時こそ
本当のものに出合えるチャンス
本当のものに出合って
真の喜びが生まれる
苦しみ、悲しみを避けずに
生きて（学んで）いこう

苦しい時、悲しい時の受け止め方で人生が変わる。

想い通りにならない時こそ本当のものと合えるチャンス

逃げずに取り組んだ人だけにチャンスは与えられる。

人間は色んな事を経験します
お釈迦さまが言われたように
　生きる　苦しみ
　老いる　苦しみ
　病む　　苦しみ
　最後に死ぬ　苦しみ
苦しみを生き抜いた人はいつまでも成長し成熟する

人間、成長しなければ「生き抜いた」とは言えないということですね。

まず喜ぶことを知り
もったいないと感謝する心を知り
有り難いと思い
父母の慈悲に目覚め
自らの福分を積み
人間としての徳を重ねる

これが実践できれば、聖者になりますね。

美しい蓮の花は
泥まみれの池の中にしか
咲かない

人もかく生きたい。

仏性を覆い包む煩悩に二種類ある
一つは知性の煩悩
一つは感情の煩悩

重要なのは煩悩をどう払いのけるかではなく、闇に光を点ずるように、人様に喜んでもらえる何か良いことをする。

そのためにする何か良いことはありますか。

布施

布施は仏教徒として大事なことですが
布施を行うは、現代では人として大事なことです
財がなくても、実践できる布施があります
それが無財の七施です

無財の七施　とは

一、眼施（慈眼施）
二、和顔施（和顔悦色施《わがんえつしきせ》）
三、愛語施（言辞施）

四、身施（捨身施）

人のいやがる仕事でもよろこんで、気持ちよく実行することである

五、心施（心慮施《しんりょせ》）

自分以外のものの為に心を配り、心底から、共に喜んであげられる

六、壮座施《そうざせ》

わかり易く云えば、座席を譲《ゆず》ることである

七、房舎施《ぼうしゃせ》

すべてに思いやりの心を持って行動をすること

大事なのは、一つでも実践することですね。

お布施の意味

昔、ある菩薩《ぼさつ》が人々を救うために行脚に出ました。村人たちを集めて説教したところ、一人の婦人がとても感動して「いいお話をしていただいて、ありがとうございました」と言いました。

婦人は感謝の気持ちで菩薩の衣をふと見るとよれよれになって穴があいています。

「お礼にあなたさまの衣に継ぎ当てをさせていただきます」

と言って、家から持ってきた布でつくろったといいます。

これが布を施す、お布施のもともとの意味だそうです。

布施の根本は見返りを求めない愛行なんですね。

財産を福祉や神様のお役に立つことに寄付することを
「金の布施」と呼び、
神様の真理を一人でも多くの人に伝えるために働くことを
「法の布施」というそうです。
他にボランティア活動などに、自分の体を使って手伝いをする
ことを
「身の布施」と呼び、

自分ができる布施を行えばいいですね。

布施には次の三つがあります

- 財　施（ざいせ）
- 法　施（ほうせ）
- 無畏施（むいせ）

布施する者は　運と幸福に恵まれます

布施を行うことで運と幸福に恵まれる。この三つの言葉の説明は次ページにあります。

「財施《ざいせ》」というのは、貪《むさぼ》る心とか、欲しいと思う心、恩にきせる心を離れて、お金や衣食などの物資を必要とする人に与えることをいいます。

「法施《ほうせ》」とは、物質財物をあたえるのではなく、教えを説いてきかせるといった、相手の心に安らぎを与えること、精神面でつくすことをいい、僧侶などが行うべき最も大切なことです。

「無畏施《むいせ》」とは、恐怖や不安、脅《おび》え慄《おのの》きなどを取り除いて、安心させることをいいます。

これらができる人間になりたいですね。

お布施に「喜捨」の教えあり

施した自分
施した物
施した相手
施したことを忘れるのが最高の布施

この言葉、いいですね。逆に受けた恩は忘れない。

お布施からリベート

なんまんだ
「何万」だ
南無阿弥陀仏

本来布施などは、施主の心からされるものであり、額を明示して請求したときから布施の意味を失い、ビジネスとなり、僧侶としての立場を、自ら放棄したことになりはしないでしょうか。

多くの人が感じていることのように思います。

八正道

仏教で説く実践の徳目。格調高く言えば、悟りを得る実践項目、

正しい見解　（正見）
正しい思惟　（正思）
正しい言語行為（正語）
正しい行為　（正業）
正しい生活　（正命）
正しい努力　（正精進）
正しい想念　（正念）
正しい精神統一（正定）

わかり易く言えば立派な人間になる行いと言えますね。

「仏さまが教える幸福になるための十訓」

一、欲張りを捨てて、わけあうこと
二、人としてしてはいけないことはしないこと
三、生活習慣を整えて正直に生きること
四、尊敬できる先生や友人を持つこと
五、他の人々の幸せづくりを手伝うこと
六、物でも心でも喜んで他に与えること
七、他の喜びを共に喜び、他の悲しみを共に悲しむこと
八、仏さまの教えを聞き、学び、行うこと
九、仏さまの教えを他の人々に伝え、広めること
十、物事を正しくとらえて、真実か否かを見極めること

第六章　死者を弔う真の意味

私が葬儀社をやりながら、ずっと懸念してきたことがあります。それは仏教が死者（葬式）のためにあるような錯覚を、皆さんがしていることです。

お釈迦さまは、弟子から死後の世界を聞かれても、決して答えませんでした。「そんな時間があるなら、今を真剣に生きよ」ということなのです。

お釈迦さまの教えは、今をどう生きるか、すなわち今、生きている人のためにあるのです。

それを抜きにしては、葬儀や法要の意味が失われてしまいます。

人として　生まれたがゆえに
その意味が　問われている

果たして自分は、その意味を知ることはできるだろうか。あなたはどうでしょうか？

人はこの世に使命を持ち
その使命を果たさんと願って
生まれてくるもの

自分の使命は何なのか。それを見つけるのが
人生なのかもしれません。

最初の三十年は、勉学と自分探しの時
次の三十年は、自己実現の時
次の三十年は、社会貢献の時

自己実現をするにしても、社会貢献をするにしても、何より大事なのは自分を磨くことですね。

法蔵菩薩の立てられた誓願は
利他の願い
自分の利益を願うのではなく
他者の利益を願うもの

他者に喜んでもらえる生き方をする。それが
自分の幸せにもつながる。

お墓、葬式、戒名などに関して
これらは仏教に基づくものではなく
習俗です

と言われても俄かに信じられません。
では、仏教におけるお墓や葬式、戒名などはどういう意味があるのでしょうか。

葬儀は仏教とは本来無関係

もともと仏教が死者儀礼と行うことは無かったのです。しかしながら、葬儀を行っても仏教の教えと矛盾しているとは言えません。なぜなら自己の死を自覚し、生の意味・人生の意味を掴《つか》む可能性を与えてくれるからです。

葬儀は死者のためにやると思っていましたが、そうではないんですね。死をきっかけとし、自分の生きる意味を掴む大事な儀礼と気づきました。ありがとうございます。

人が亡くなって次にどんな世界に生れるかというのは、仏教によると自業自得（善因善果・悪因悪果）の世界で、修正はできません。しかし、

日本における死者儀礼の根本的立場は、

残された子孫が代わりに功徳を積むことによって、亡くなった人の罪を無くして、より良い世界に生まれてもらいたいという考えです。

死んでから人はどうなるのか、非常に興味あるところです。この説明で葬儀の大切な意味が見えてきました。これは多くの人に伝えなければなりませんね。

ブッダ、つまりお釈迦さまは
弟子から死後の世界の有無について問われても
一切答えずに沈黙を守ってきた
だから、仏教の基本原理は
「死後の世界は考えるな」
「考えるのは無意味である」ということになる

アーナンダ（阿難）が、釈迦の臨終に際して
葬式のやり方をご本人に訊ねたところ
「アーナンダよ、遺骸の供養にかかわるな
自らの修行に励むがよい」と答えられた

葬式や法事は、世間体のためにするのでもなく、社会的地位を誇示するためでもなく、特に、死者のためにだけするのではありません。

生き残った、死者と縁のあった人々が、互に慰め合い、悲しみを分かち合うことによって、これからの人生の方向に光を見出すためにこそあるのです。

縁あった死者のお陰を感謝しながら……葬送儀礼の意義を知ることは、真実の生き方の出発点です。

そうなんですね。多くの人が知らないと思うので教えてあげたいですね。

葬式は、いのちのバトンタッチゾーン
受け取る人が見える
参列者が見える

ご先祖のいのちを引き継ぎ自分は生きていく。まさにバトンタッチですね。

遺族とは
故人の遺言に生きる家族のこと

遺言に生きるとは、故人が共に生き続けることになりますね。これって本当に重要なことですね。

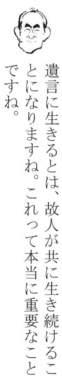

会葬のマナーということでよく話があります。
参列する時に「恥」をかかないようにと焼香の仕方、香典の額、服装などが話の中心となります。

マナーが中心となれば、葬儀の本来の意味をたずねることがありません。
したがって本来の意味を分かってもらう機会が得られないのです。

では、マナー以上に大切な会葬の意味とは、なんでしょうか。

「弔《とむら》う」とは訪《とぶら》う」こと

死という人生の終わりに儀式無用論をいくら主張してもそれは虚しい論理です。

特に最愛の肉親を亡くした遺族にとって、葬儀はその別れの大切な心です。さらに、葬儀とその後の法要は別れの悲しみをいやす大事な期間であろうと思います。

親鸞聖人はその主著『教行信証』の最後に「さきに生まれんものは後を導き、後に生まれん人はさきを訪《とぶら》へ」と述べておられます。

訪うと言ってもらうとわかり易いですね。

親鸞聖人は、
普通使う「弔《とむら》う」という字ではなく
「訪」という字をあて、
「とむらう」と読まれておられます。
お弔《とむら》いとは、
訪ねるという意味があるのです。

私達は、本当の意味で訪《とむら》うことをやってい
るだろうか。

亡くなった人は
残されたものの幸せを願い
別れの悲しみを乗り越えて
精いっぱい生き抜いてほしいと
願っておられるはずです

残された人は、故人を偲び、故人は残された人の幸せを願う。そうあってこそ、姿は見えないけれども、お互いの気持ちが通じ合う。

人の死後の勤め

仏や菩薩になり衆生を救済すること

安らかに眠っては困る
仏や菩薩になって
大活躍しなければならない

「死んでゆっくり」とは言えないんですね。
この言葉にも驚きました。

死後の幸せを冥福という
故人の幸せとは
一体、何であろうか
故人が遺族や会葬者の心の中に
いつまでも残り感謝され、尊敬される
それが何よりの幸せではなかろうか

冥福を祈る時は、自分自身の生き方が問われる。厳しい言葉ですが、それでこそ死を無駄にしてはいけませんね。

葬式を行った人が浄土に入れる
葬式をやっていない人は浄土に入れない
そんな差別はされない

仏になる（成仏）とは
本人の生前のアクションで決まる

だからこそ日々を真面目に生きる。

生前に次の言葉を唱えれば
仏は、その人を浄土に迎えてくださる
死後のことは心配ありません
これが仏教の真実の教えです
　ただし、唱えるのは本人限定で、代理不可、相続不可です

南無阿弥陀仏（浄土宗、浄土真宗）
南無妙法蓮華経（日蓮宗）
南無釈迦牟尼仏（曹洞宗・禅宗）
南無大師遍照金剛（真言宗）

どの言葉を唱えるにしても唱えるのは自分自身、すなわち自力であって、他力ではない。

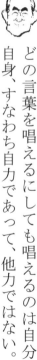

先祖供養

大多数の人は、 先祖を供養すると受け止めている
しかし先祖が
今生きている我々を供養しているとも受け取れる
我々人間は、 ご先祖様から戴いた尊い尊い命を
どう生きているのか
どう燃焼させて生きようとしているのか
み仏に随時伝えることこそが
最大の供養の意味である

重要な指摘ですね。 心にグッときました。

供養とは

供に養うこと
亡きお方の命を
自分の生きる力に変えることをいう
習慣としてのロウソク、線香、供物を
供えることだけをいうのではない

これも大事な指摘ですね。
皆さんに知ってほしいです。

法要の意味

一、追憶の心（先祖の恩に感謝する心）

一、反省の心（ふさわしい自分であったか。省みる心）

一、和の心（残った人達が仲良くやる集いの心）

これは全部、故人に対してではなく生きている人達に対してですね。お寺さんからこういう話を聞いた覚えがありません。

法事

亡くなった人達の願いを聞いて
自分は何をしたか　何を実行出来たか
法事は、その結果を自分に問いかける儀礼である
亡き人の心を生かすも殺すも
自分の心にある

前にも書きましたが、法事は故人のためにするものだと思っていました。

迷いと人生

「人が死ぬ」ということは、迷いの人生に終わりを告げたということなのです。

つまり、迷っているのは私達であって、亡くなった人ではありません。

迷って生きている私達が仏法を聴聞《ちょうもん》するために集まっているのが「法事」、つまり「仏法の行事」なのです。

こういう話も初めて聞きました。法事の意味を本当に考えさせられ、目が覚めた感じです。

「成仏《じょうぶつ》」の意味

成人の成の字は仏教では「じょう」と読んで、「成仏」とは悟りを開いて仏となることを言います

現代風に言えば「人格の完成」といえます

亡くなってから成仏するのではなく、現世で「人格の完成」を目指して生きることが成仏につながるんですね。

往生とは

往とは…ゆく、止まらないこと、歩み進むこと。

それにつながる生は……単に生きるというだけでなく、改めて生まれ変わり、生きていこうという意欲がこもっています。

すなわち往生と言った場合、自己中心、自分本位に生きてきた今までの在り方、今の相《すがた》でいいのかと、厳しく問いかけられているのです。

そこに、念仏の重要性があります。念仏—念ずる仏のはたらき—によって、新しい自身の誕生があるのです。その誕生が往生です。

「往生というのは、真の生活に戻ること。本当に生きることです」

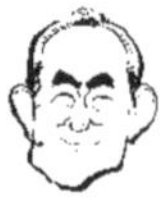

往生とは死者に対してではないんですね。

死んだら次の世界はあるのか

・キリスト教やイスラム教は、人は肉体と霊から成り立っているから、死んだら神が必ず天国（地獄もある）に引き取って下さる。

・仏教はそうではありません。お釈迦さまは霊魂（自我）に対して真向うから無いと否定しています（諸法無我）。

これは多くの人に関心があると思います。全て現れているのは因縁であって実在ではない。故に自我の霊魂は無い（実在ではない）ということなんですね。

釈迦仏教の特徴は、キリスト教やイスラム教のような絶対的な力を持つ神が存在しません。

正しい生活を過ごしながら、生死の問題を考えるために禅定（現代で言う、座禅と瞑想の組み合わせ）を行うことで、智慧を磨き、その智慧によって宇宙の原理と一体になるのです。

つまり人間が自分の努力によって自分を救うという、自己完結の宗教が仏教です。

自己完結とは「自力」ということですね。

キリスト教では本人が懺悔すれば罪は許される。
仏教では死後でさえその生き様が問われる。
死者は生き残った家族が精を込めて供養することによって清められていくという。

精を込めて供養するとは、生き残った人が人として善い行いをしていくということですね。

享年の「享」には

「受ける」「授かる」の意味がある
享年と言うのは
「天から尊い命を享け
尊い歳月を授かりました
ありがとうございます」
という感謝の思いが込められている

天から命を授かったということで、享年は受胎から数える「数え歳」になるんですね。

直会《なおらい》は「直りあう」という意味
祭典中の緊張した状態から
気持ちを解きほぐし
平常の状態に戻すための
大切な行事

御供えとして神に捧げた酒や食物を、祭事に関わった人々が分け合って飲み食することを直会と言います。

神に捧げた食物を人々と共に食することによって神と人、人と人との和合をはかるという目的を持ち、これを神人共食と言います。

こういう大切な意味があったんですね。

お盆は命の感謝デー

お墓は、先祖との出会い、感謝、対話

学び、憩い、ふれあいの場

こうした思いを子や孫に伝えていきたい。

墓の中を見たことがありますか

水びたしになっている（季節や場所によって違いますが）

虫がいる　雑草が生えている　かびくさい

これではせっかくの墓が台無しです

・お墓をきれいにしましょう

・墓石屋さん、墓に土台をつけ骨壺に水が入らないような工夫をお願い致します

汚い墓場のままなら入りたくなくなります

ゆったりと大自然の中に眠った方がいいと、墓離れが増えるのでは？

埋葬のしかたも変化していますね。

お墓に「倶会一処」の言葉をみかけます
これは「阿弥陀経」の中にあるお言葉です
今日の言い方で言えば「倶《とも》に一つ同じ所で出逢う」という意味
です。同じ所とは、極楽浄土涅槃静寂の世界です

死後、そうあったら嬉しいですね。

いのちある花は
神仏と私達をつなぐ存在

ダンゴやメシを供えるのは
生命が再び戻ることを願うんです
（願う行為です）

難行中のお釈迦さまに、スジャータが乳粥を捧げた。それを戴くことで悟りへとつながっていく。そのことから、団子などを供えることで生命の甦りを願う行為だということです。

祭壇には仏教の教えが多数含まれています

・浄土の表現
・自燈、法燈の教え（自己と法を拠りどころとして生きる）
・四花を通して諸行無常
・生花は慈悲の教え
・供物は布施
・身近な人の死を前提として、自分の命をどう生きるか
・会葬者から遺族に対して慈悲（与楽・抜苦）
・戒名は戒律を守る誓い
・祭壇に飾られる蓮の花は、煩悩に汚されることのない仏の悟りを表している
・参列者側が、ご遺族へ布施の実践の場

これ全て、生きている人に向けてのメッセージ。

戒名や法名

戒名や法名は、人が亡くなった時に
お手次寺院の住職に付けていただく
「死んでからの名前」のように
思っておられる方もあるようですが
本来はそのような意味で付けられるものではありません

戒名は（現生の）学校の卒業証書
戒名は仏弟子としていただく名前
生前に受けるのが望ましい

亡くなってから付けてもらう名前だと思っていました。戒名と法名は宗派の違いだそうです。

法名（浄土真宗）というのは、「仏法僧の三法に帰依し、仏様の教えを聞いて、真宗門徒として生きていきます」ということを決意し、そのことを表明する儀式「帰依式（通称＝おかみそり）」を受けたときに付けていただく名前のことです。

ですから、言い換えれば「仏様の教えを拠り所としてお念仏の生活を送ることを決意し、仏弟子として新しい人生を送るときの名前」だと言えるでしょう。

諸法無我、善因善果・悪因悪果。法名を戴くというのは、仏様の教えをより真剣に生きますと誓うことなんですね。

忌は、己と心の組合せ文字

己を律して心を成長していかなければならないという意味です。

忌の行事、例えば一周忌とか三回忌等の法要を営むことは、亡き人を前にして、ご自身が亡くなった人を越える生き方をしていますか？ と問われていることになります。

ですから法要を機会に、自分の生き方を振り返るということです。

一周忌は満でカウントしますが、三回忌以降は数えで換算します。

ですから、一周忌と三回忌は二年連続して行うことになるのです。

今後は、このような気持ちで法事を行います。

檀家制度

（1）檀家制度の確立は江戸時代

（2）寺請制度が発端

キリシタン対策として、住民をどこかの寺に必ず所属することを義務付ける制度

（3）寺が行政組織の一翼を担う（地域共同体の核）

・檀家となった信者の葬儀や法要を執り行うことでお布施を確保する

・明治以降は墓地以外への埋葬が禁じられ、寺は墓地管理で収入源拡大

お寺の経済の安定化が図られた。のはいいけどお寺さんの本来の役割（衆生を導く）を果たさなくなっているような気がします。

お経は、葬儀用に書かれたものではありません

中陰説（死者の行方が決定する四九日間）は、中国の道教と仏教の倶舎論（善悪の行いがあらゆる現象の種）との合作で、お釈迦さまが関係したことではありません

そうなんですね。初めて知りました。

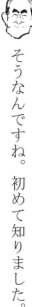

お寺は、生きている間に行くところ
お寺は「人間とは何か」ということを
学ぶところ

「我家のお寺」のことを菩提寺と言います
心身に燃え広がる欲望や煩悩の火をおさえて
おだやかな心身を養う
「修行道場」こそ菩提寺の役割です

ということは、今、生きている人がお世話になるのがお寺さん。現代は死後にお世話になる。これでは葬式仏教と言われても仕方ない。

香奠（香典）という形の扶助

先祖が作ったしきたりを大切にしよう
（故人に由縁のあった人が香木を持参し焚き供えたことに由来します）

香の十徳

・鬼神を感応させる
・心身を清浄にする
・毒を除く
・睡気を覚ます

・独り居の友となる
・忙中に閑をとる
・少量でも用を満たす
・永く保って朽ちぬ
・常用して害無し
・衆人に好感を与える

香には相手を思いやる気持ちと、十徳という効用があるんですね。

搭乗に優先順番あって
降機に優先順番なし

いつお迎えがくるか、誰にもわからない。

知らないとやばい

三ケ月以内　相続放棄限定承認

四ケ月以内　準確定申告

十ケ月以内　相続税の申告、納付

一度体験すると、その大事さがわかる。

第七章　仏教をもっと身近に

十二月になればクリスマスを祝い、大晦日では除夜の鐘を聞き、新年には初詣に出かける。一神教の人の目には、日本人は何と節操のない民族と映っているかもしれません。

当の日本人は、そうしたことにさほど気にもせず、宗教にはあまり関心を持たない人が多いように思います。

しかし葬儀となると、ほとんどの日本人はお寺さん、お坊さんのお世話になります。

今まで縷々述べてきたように、仏教は、今、生きている人のための教えです。葬儀や法要、戒名を授けるだけのお寺さんで良いのでしょうか。仏教は、人が生きていく上で大切なことを教えています。仏教をもっと身近に感じて欲しいと思っています。

お仏壇は、家庭の中の尊い学校

お仏壇は「亡き人々」とか「死」とかだけに関わるものとして受け止められがちですが、故人を偲び死を考えることで、実は今生きている私達こそ学ばなければならない大切なことを教える「人間道場」の役目を持っています。

お仏壇は、亡き人の霊魂の入れ物ではありません。

私が、この人生を生きるための真の拠り所となって下さるご本尊を安置させていただく場所です。

手を合わせる行為はご本尊と自分が同化することでもあります。

同化の作用…人間が、完成された仏様に同化しようとすること

家族が手を合わせてお参りをする。大事なことですね。その姿は美しい。

摩訶般若波羅密多心経

摩訶（すぐれたこと）
般若（智慧）
波羅密多（彼岸に致る）
心経（重要な仏の教え）

↓

波羅蜜多とは「彼岸に到る」という意味、
その方法は六つあり、これを六波羅蜜と言う

↓

六波羅密（人が成長するための六つの原理）

↓

布施、持戒、忍辱《にんにく》、精進、禅定《ぜんじょう》、智慧

↓

六波羅蜜の、**布施**はほどこし、**持戒**は規律、**忍辱**はたえしのぶ、**精進**は努力、**禅定**はおちつき、**智慧**は学ぶ、です。

←

仏教者は、信者として六波羅蜜を実践実行しなければならないことになっています。

←

この方法に従えば、人間的成長が得られ幸福になれるという仏教の教えです。

六つは、どれもが大事な実践項目ですね。

六波羅蜜が日本人の精神をつくったと言えます。

色即是空

色とはこの世界で目に見えるすべてのもの
空とはこの世界を成り立たせている
生命の奥にある真理

色即是空とは
この世界に存在するものは
すべて根源的な法則の上に成立している

空とは、生命の奥にある真理、根源的な法則、
単なる空《から》っぽの空《くう》ではない。

『般若心経』の「色即是空」

色《しき》は、目に見える形ある物の世界
空《くう》は、目に見えない心の世界。
空《くう》は正しい心、形を生み出す母
生み出された心から色《しき》である形がつくり出される。

この空と色の調和が向上する、これが文化。
その空を私は、偏らない心、こだわらない心、とらわれない心、広く広く、もっと広く、これが般若心経の空の心なり、と捉えています。

空とは色（形）を生み出す母。広い広い心なんですね。

インド人は、挨拶のとき合掌しながら
「ナマス・テー」と言います。
「ナマス「は「南無（帰依《きえ》）」と同じ言葉で
「テー」は「あなた」です。
「あなたに帰依します」という意味です

現代風に言えば、「心を込めてお使いします」。

南無の原語は「ナーム」で

「信頼します」の意

南無阿弥陀

南無釈迦牟尼仏

南無大師遍照金剛

南無の心をもって唱えるのが大事。

与える人をダーナという
布施、旦那、檀家、ドナーも同じ

面白いですね。旦那は与える人なんですね。

法然上人、念仏信仰の基本は
愚者《ぐしゃ》の自覚
「愚者」とは
自分自身を反省する言葉

念仏でどんな人でも救われることを本願としているんですね。

親鸞の言う「悪人」とは
修行しても煩悩を捨てきれない人のこと

つまり、阿弥陀様が
凡夫であるすべての人を救いたいと
本願を立てたのは
どんなに頑張っても
善行を積めない人＝悪人を救いの対象としているから

ここで言う悪人とは、法律的に罪を犯した人
ではなく、宗教的な意味です。

念仏一つで
救わずにおかないと誓われた
ご本尊の心が
真宗の信心である

大乗仏教の教えは一つ
悪いことをしたらいけない
いいことをしよう　です

念仏を唱えると同時に、日々の生き方を正していくことが大事だと感じます。

仏教には二つの道（2ウェイ）あり

聖道門（禅の教え）

自分自身の可能性を信じて、この世で一生懸命に修行し、お悟りに至ろうとするもの

浄土門（浄土教の教え）

自分自身の力のなさを認めて、ひたすら仏様を信じて祈り、死後に浄土に生まれてそこでお悟りに至ろうとするもの

第三の道として、聖道門と浄土門のミックス型があっていい。

修行と祈り、どちらも大切と思います。

「専修念仏」と「報恩念仏」

法然（浄土宗）の「専修念仏」は
念仏を唱えることが大事
（救済を期待し自分の意志をもって念仏を唱える）

親鸞（浄土真宗）の「報恩念仏」は
念仏を信じるのが大事
（念仏を唱えることで誰でも救済してもらえる感謝の表現）

念仏を唱えることは同じ。唱えるのは自分。
他人に代わってもらうわけにはいかない。

道元のことば

生死を　心にまかす
生死を　身にまかす
生死を　道にまかす
生死を　生死にまかす

とても真似はできませんが、凄い覚悟だということはわかります。

よき「間」をつくるための「四摂法《ししょうぼう》」の教え

（菩薩の実践する　衆生を導く四つの方法）

一　布施　他のためにつくす

二　愛語　あたたかい言葉を使う

三　利行　他人の利益を先にする

四　同時　手をさしのべる行い

道元禅師

一歩でも、この生き方に近づきたいですね。

天台宗の教え

忘己利他《もうこりた》

自分の為でなく（じぶんのことはさて置き）

人の為に尽す（他人の為になることをしなさい）

これも覚悟がいる生き方ですね。

日蓮のことば

先ず臨終のことを習うて後
他事を習うべし

どういう生き方をして臨終を迎えるのか。おそらく他事を習いながら、その覚悟がより強く固まっていくのではないだろうか。

四法印《しほういん》

仏教を特徴づける四つの基本的思想

諸行無常（常に変化してやむことがない）

一切皆苦（いっさいかいく）（すべては思いのままにならず苦である）

諸法無我（すべてのものは実体があるのではない）

涅槃静寂（涅槃の境地は静寂で安らかである）

これらを受け入れて生きて行くのが仏教の教え。

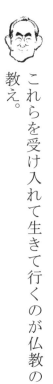

霊魂（自我）の実在と
それにまつわる迷信を
徹底的に否定した宗教家は釈迦と親鸞

当時、霊魂の実在を信じ
輪廻《りんね》説を説いていた
バラモンに対して
釈迦は、霊魂（自我）の実在を否定し
無我《むが》を縁起《えんぎ》とした仏教を説いた

これはお釈迦さまの大事な教えなんですね。

釈尊の遺言

自燈明　法燈明

（自己を拠りどころとし、法を拠りどころとして生きなさい）

素直に受け止めさせてもらいます。

十三世紀鎌倉新仏教を開いた

道元は ― 常光寺

法然は ― 正覚寺

親鸞は ― 蓮心寺

日蓮は ― 蓮華寺

（青森県青森本町エリア）

ここには法悦があり

仏の教えに出合って得る歓喜を法悦と言う

日本の仏教は大別すると

禅（曹洞宗、臨済宗）
念仏（浄土宗、浄土真宗）
真言（真言宗）
法華（天台宗、日蓮宗）になる

禅（曹洞宗…道元、臨済宗…栄西法師）
念仏（浄土宗…法然、浄土真宗…親鸞）
真言（真言宗…空海）
法華（天台宗…最澄、日蓮宗…日蓮）
　最澄（伝教大師）…比叡山
空海（弘法大師）…高野山

禅宗の寺に表示してある言葉

「生死事大《しょうじじだい》　無常迅速」

私達の命もあっという間に終焉の時が来る

一刻も怠ることなく生きようという意味

これも覚悟をもって生きる教えですね。

安心立命《あんじんりゅうみょう》

阿弥陀仏の救いを信じ
極楽浄土に至ることを願う心

ただただ素直に拝聴いたします。

生死流転

私達の命も条件によって変化しながら
大空という仏の御手の中で
永遠に生き続ける
どこへも行きはしない

命は生き続けるんですね。

往相還相《おうそうげんそう》

親鸞思想

これまでの人生をいっぺん捨てる
そして新しい歓びに満ちた人生を再スタートする
生きたままでの再生こそ親鸞の目指した生活

凄い教えですね。だからこそ真剣に生きねば
ということですね。

自分は許されて生かされている事に気付く…
その事に気付かぬ自分に気付く

（親鸞の教えの中核）

ということは、自分は選ばれてこの世に誕生
していると気付くことでもありますね。

曼荼羅《まんだら》とはインドの言葉で「本質のもの」という意味
仏が悟った真理とその功徳が備わっている

目に見えない仏様のお姿を見える形にして示している有り難いお印と受け止めました。

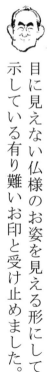

四大五蘊《しだいごうん》

私達の体を構成する成分のこと
これを宇宙から借りて
体を維持しています

体は宇宙からの借り物。それをどう使うかは、
自分の生きる姿勢できまる。

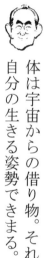

杢魚は読経のリズムを整える仏具
目を閉じない魚をモチーフにすることで
寝る間も惜しんで精進しなさい
との意味が込められている

そこまで覚悟をして修行にあたるんですね。

禅では修行僧のことを

「雲水」と言う

これは「行雲流水」が略されたもの
雲の如く、水の如く、居場所を定めず
師を求めて旅を続けることから
この呼称が生まれた

人を導くためには、修行に修行を重ねて自らを磨くんですね。

住職の名を呼ぶ時、和尚《おしょう》さまと呼ぶことがあります。

和尚とは元々戒律を授ける師のことを言い、和上とも書かれることがあります。

和尚は「おしょう」「わじょう」「かしょう」と言う呼び名があり、和上とも書かれます。

その違いは宗派によるものというのが定説のようですが、地域での呼び名の習慣もあるようです。

住職の呼称としては和尚の他、主に日蓮宗でのお上人《しょうにん》さま、禅宗での方丈《ほうじょう》さまなどがあり、他にご住職や宗門の長老、お年を召したご住職の尊称としては御前《ごぜん》さまがあります。

教えていただきありがとうございます。

神道では
「老い」を神に近づく状態と捉える
その人間を「翁」と呼ぶ
人から翁へ
翁から神へ

翁にはそういう意味があるんですね。

三三九度は仏教から出た言葉で
九という数字は
天壌無窮の窮であり
「玖」とも書く
きわまりなし、終わりなしだから
永遠という意味

天壌無窮は『日本書紀』にある言葉。国も国民も永遠《とわ》に幸《さち》あれですね。

第八章　葬儀社の窓から

葬儀社の窓からは、様々な人間模様が見られます。

最近は葬儀のやり方がいろいろ変化しています。

それらの変化に対してもそうですが、死の準備をしているでしょうか。

何もしないまま死を迎えてしまうと、悲しみも大きく、死亡後の整理にも時間を要し、混乱を招くこともあります。

後に残る人達のためにも、死後の対応については多少の費用をかけても、今のうちにきちんとやっておきましょう。

仏教では生老病死を四苦《しく》と捉え、苦しみの多い現世から離れ、極楽浄土を求める「厭離穢土《おんりえど》」「欣求浄土《ごんくじょうど》」の信仰を培ってきました。

しかし長寿が進み「大往生」の時代になった今、多くの日本人は自分が十分生きたと思い、現世よりも浄土がいいとは思えなくなっています。

四苦のうちの「生」は苦ではなくなっているのです。

終活にあたって、各人が本当に何が重要で、何が余計なのか見極める必要があると思います。

長寿でも必ず死はやってきます。その現実をしっかりと認識して生きなければなりませんね。

葬儀の形

社葬、家族葬、友人葬、音楽葬、偲ぶ会、
お別れの会、海洋葬、樹木葬、宇宙葬
その他（希望があれば）

いずれにせよ、万が一の時に備えて、遺された家族の負担を少しでも減らせるように、ご自分の葬儀の段取りや費用などについて前もって取り決めておきましょう。

なるべき元気な時に決めておきましょう。状況に応じて必要なら変更すればよいわけです。

社葬

法人で社葬を執行した場合、社葬費として損金になる
香典は非課税（会社へ入金した場合は課税対象）

社葬を執行することで

会社のイメージアップ、普段つながりの薄くなっているお客様との関係強化、社員の求心力などの効果があげられます。

創業者や代表者、功労者の場合、その功績を称え、承継者を知らせる場にもなります。

若き創業者の社葬に参列し、経営は一瞬たりとも休みなく継続しなければならないと強く感じました。

葬儀は世間体で執行するものではありません。お金をかけたから心がこもっていたとは限りません。葬儀社の提案にもご自分のお考えで進めていけばよいと思います。

近年「家族葬」をはじめとする小規模葬の比率が増加しています。

会葬者減少（死亡年齢の上昇等）
義理会葬を排除したい
遺族のプライバシーを知られたくない等

家族の意識変化が葬儀の小型化に拍車がかかっているのです。

・充分に別れの時間をとり温かく死者を送り出す
・単に安く簡単に済ませよう　の二パターンがあります。

葬儀の形は変わっても、その意味を忘れてはなりませんね。

遺言、相続等は専門家への相談をお勧めします

生前に決めておくことはいろいろあります

公正証書遺言の作成（遺産相続をきちんとしていく）、任意後見人の決定、葬儀の生前契約、年金相談、相続税、贈与税相談、遺品整理、お墓のこと、生命保険の確認など。

その他、延命治療をどうするか、死後どなたにお知らせするかの名簿整理など、結構やることはあります。

葬儀の執行で中心的役割を持つのがお寺さんです。お寺さんとは、ご遺族の希望を入れてきちんと話し合われることをお勧めします。

葬儀社として大事なこと

ホスピタリティ

親切な　もてなしの心で

ご遺族を癒したい

という思いの表現

ご遺体の尊厳を守り

ご遺族への奉仕は従事者の責務

斎場は癒しの場だからこそ
明るく、使いやすさが重要

悲しい時こそ
温かく真心を込めた
ご遺族への対応が必要

葬祭業者　は
一、体力　（二十四時間）
一、奉仕　（奉仕の心を持った人）
一、忠恕　（真心と思いやりの心）

お伝えしたいメモが沢山あります。
続きは、第二弾、第三弾と出していきます。乞うご期待！

あとがき

父母は私の中に生きている

私は仏教の専門家でも宗教家でも学者でもありません。家業であった葬祭を引き継いで五十年、そこで気づいたことをメモしてきました。その数、約四千枚、どのように紹介したらよいのか、メモを整理しながら、人が生きていく上で勇気を得たり参考になったりする言葉が良いのではないか。また葬儀や法事などを担当しながら、これは違うと感じてきたことを紹介する必要もあると思うようになりました。

私の考え方の基礎には仏教の教えがありますが、あまり専門的にならず一般の人にこそ読んでいただきたいと思い、まとめたのが本書です。

どこまで読者の皆さんに伝わったか気になるところですが、一つでも二つでもお役に立つ言葉があったとすれば幸いです。

まだまだお伝えしたい言葉が沢山あります。仏教の教えについても本音で語りたいこともあります。それらを第二弾、第三弾と出版していきたいと考えています。

それが父母の遺志を引き継ぐ私の使命と考えるからです。

誰にでも間違いなくやってくる死を避けて通るのではなく、生きるための新たな気づきになることを願って已みません。

ありがとうございます。

珍田　眞（ちんだ　まこと）
昭和19年青森県生まれ。
元珍田ホールディングス 代表（珍田グループ30社を統括）
青森ブロードバンド・コミュニケーションズ 代表（現任、他3社）
労働省認定FD（フューネラル・ディレクター）1級
労働省FD技能審査官（10～12）
シニアライフプラン・インストラクター（SLI）
社団法人全冠協外務員登録（000385）
Funeral文化研究員
元青森県氏子青年協議会理事
青森県氏子青年協議会永久顧問
霊園斎場指定管理者（5年）
平成元年～3年まで「お葬式一言メモ」という番組（青森）に出演
青森ペンクラブ会員　他

葬祭ディレクター
まことさんの珍言録 ①
死とは残された人への最後の授業

令和元(2019)年7月27日 発行

著　　者　珍田　眞
発 売 者　斎藤　信二（編集長）
発 売 所　〒116 - 0013
株式会社 高木書房
東京都荒川区西日暮里5-14-4-901
電話 03-5615-2062　FAX03-5615-2064
Eメール：syoboutakagi@dolphin.ocn.ne.jp
装　　幀　株式会社インタープレイ
印刷製本　株式会社 ワコープラネット

※乱丁、落丁は、送料小社負担にてお取替えいたします。
定価はカバーに表示してあります。

ISBN978-4-88471-457-4　C0039 Prinied in Japan